L'ABBE PIERRE

HIVER 54

UN LIVRE DE
MARIE DEVORT

D'après le film de
DENIS AMAR
Produit par CHRISTIAN ARDAN

Scénario de Marie Devort et Denis Amar
Photographies de Jérôme Prébois

Edition°1

« L'empreinte d'un homme sur un autre est éternelle. Aucun destin n'a traversé le nôtre impunément. »

François Mauriac

« Au milieu de ces choses perdues, tous ces hommes perdus qui se sauvaient eux-mêmes en se faisant sauveurs d'hommes plus perdus qu'eux. »

Sur les décharges ils sont tranquilles...

Mais il ne faut pas s'aviser d'aller traîner en ville pour y faire les poubelles...

... C'est le territoire des autres, les vrais biffins, ceux qui travaillent pour la municipalité.

« Et *depuis quand les curés sont de notre côté* ? »

« Depuis lui. »

« On ne peut pas vous laisser faire.
Sur les décharges, là, d'accord !
Mais les poubelles, elles sont à nous. »

« Et de quel droit, d'abord ? »

« Du droit que ça fait partie de nos salaires. Ils sont bas mais en échange la municipalité nous garantit la première main sur le "beau". »

« Seigneur, Aidez-nous à donn

pain à ceux qui ont faim, et Donnez faim à ceux qui ont du pain. »

L'exode rural a drainé vers Paris des milliers de travailleurs, qui trouvent un emploi, mais pas de logement. Les familles d'ouvriers dorment à la belle étoile, et bientôt c'est l'hiver.
Ouvriers, artisans, jeunes ménages, retraités sans « retraite », ils sont toujours dehors.

L'abbé n'y suffit plus. Il leur faut une loi, celle que le sénateur Léo Hamon présente au Sénat, dans la nuit du 3 au 4 janvier 1954.

« ... Et, puisque nous en sommes au budget de la Reconstruction et du Logement, nous nous devons d'évoquer la question des sans-logis...
Rassurez-vous, je serai bref : je vous demande de détacher, par un vote immédiat, la somme d'un milliard du budget de la construction des HLM, et de l'affecter à la réalisation des cités d'urgence. »

Tollé général. Pas un notable qui veuille voir sa commune se peupler de zonards et de bidonvilles.
Le vote est reporté.

Il faut continuer, seuls...

... avec l'aide de D

de Lucie Coutaz, la secrétaire, gouvernante, âme de la maison.

Pendant que le Sénat leur refuse la loi sur les cités d'urgence, un bébé meurt, gelé, dans la carcasse de bus ouverte à tous les vents qui sert d'abri à ses parents, un couple d'ouvriers.

« Je ne peux pas donner ma foi au responsable d'un univers dans lequel meurent les enfants. »

« Mais personne ne t'oblige. T'es libre, mon vieux. »

Un chantier de fortune, qu'au moins ils aient des toits...

Mais les fonctionnaires de la municipalité débarquent.

Ils ne veulent pas de ces baraques. Ils plaident pour l'hygiène et la viabilité.

« C'est illégal, mon Père. Si vous construisez sans permis,
la municipalité va vous faire un procès. »

« Qu'ils y viennent ! Pour l'Amour de Dieu, qu'ils m'en fassent un, de procès ! Je mettrai ma Légion d'honneur, mon écharpe de député, et mon étole de curé par-dessus ! Et j'irai devant vos tribunaux ! Et je leur dirai : quand la loi est ainsi faite que les travailleurs, avec leur salaire, ne peuvent pas se loger, alors c'est la loi qui est illégale ! »

ASSOCIATION DE
CAMPEURS
PERMIS de VIVRE

« Vous voulez vraiment que je publie ça ? »

Il faut leur dire ! Les hommes puissants sont aveugles, vous
savez aussi bien que moi ! Le pouvoir est aveugle, et la misère
uette ! Nous sommes entre les deux, et si nous nous taisons,
ous devenons complices ! »

« A Monsieur le ministre du Logement,

... La nuit où vous avez quitté le Sénat sans voter, un bébé est mort de froid. On l'enterre demain, à 14 heures, et ça serait bien si vous veniez...
... On ne vous recevrait pas mal, on sait bien que vous ne vouliez pas ça.
Venez, ne dites pas non une deuxième fois... »

*« Changement de programme.
Il me faut 3 colonnes à la une. »*

« Ils ne m'ont pas traîné dans la boue, ils m'ont invi

venir me traîner dans la boue avec eux. C'est très différent. »

Perdue dans le dédale des petites rues crasseuses, entre terrains vagues et immeubles écroulés, une voiture officielle, qui cherche son chemin. Il y a longtemps que les gamins du quartier ont arraché des murs les plaques d'émail bleu, devenues boucliers de leurs combats de rues...

« Je ne répondrai pas à votre lettre, je ne veux pas de polémique. »

« Moi non plus, Monsieur le ministre. Ce qui se passe ici est au-delà de toute polémique. »

« Madame Hélène Vannier, propriétaire d'un hôtel à Paris. Très touchée par la lettre du « Figaro » Vous envoie un gros chèque...
... et propose de mettre à notre disposition quelques-unes de ses chambres. »

Et la vie continue. Le jour,
sur les décharges, ou sur quelque terrain,
à construire des cabanes pour
tous les sans-logis de plus
en plus nombreux.

La nuit, dans les rues, à secourir tous ceux qu'on ne peut pas abriter.
Soupe chaude et couvertures... Les compagnons s'y donnent
jusqu'à l'épuisement...

« Mon Dieu, Donnez-nous le courage de vivre tous les jours les sublimes conneries que le Père nous demande, au nom de sa putain de miséricorde. Amen. »

« Il faut faire quelque chose pour ces gens... »

« C'est plein partout, les hôpitaux aussi sont pleins.
La morgue, quand ils seront morts, c'est tout
ce qu'on peut faire. Bonsoir, Monsieur *le curé.* »

« C'est honteux ! Pour les chiens vous avez des fourrières ! Et vous n'êtes même pas capables d'en faire autant pour des hommes. »

« Chers auditeurs, voici venue l'heure de votre bulletin d'informations. Et, tout d'abord, des nouvelles de cette terrible vague de froid qui s'abat sur la France : il a fait — 15° à Paris, et jusqu'à — 30° en Alsace. On n'avait pas vu ça depuis 1880. A Dunkerque, même les vagues ont gelé ! »

« Tu lui as proposé de loger des gens ici ?

Mais oui, après tout, c'est un peu comme si je dépannais
ı collègue : l'abbé Pierre *aussi, il fait*
l'hôtellerie, dans son genre ! »

Tout cela en quelques heures...

« Evidemment, c'est dans l'ordre des choses... On ne peut sans doute pas reprocher à un homme d'Eglise de s'occuper des pauvres... »

« C'est cela... l'ordre des choses. Mais attention, Monsieur le préfet, les choses changent. »

« L'ordre reste. »

« Quel ordre ? Ouvrez les yeux : cette pauvreté-là ne s'analyse plus en termes de bienfaisance, mais de politique sociale ! »

L'abbé est épuisé...

« *Jusqu'où peut-on aller trop loin, avec l'aide de Dieu ?* »

Il en vient par centaines...

qui, dans la nuit glacée, n'ont nulle part où aller, que
s tentes de toile dans lesquelles ils s'entassent,
même le pavé recouvert de paille.

Et la mort frappe encore.. Il faut que les autres sachent.

« Voyons, mon Père, on ne peut pas modifier les émissions comme cela, au pied levé ! »

« Vous me refuseriez d'appeler au secours ? Mais depuis quand empêche-t-on un homme de sonner le tocsin quand on meurt dans sa rue ? »

« Mes amis, au secours ! Une femme vient de mourir de froid sur le trottoir du boulevard Sébastopol. Elle serrait dans sa main le papier par lequel on l'avait expulsée de son logement.
Cette nuit, à Paris, ils sont plus de deux mille à geler dans les rues, sans toit, sans pain, mal vêtus, et malades. Devant tant d'horreur, les cités d'urgence, ce n'est même plus assez urgent !
Il faut que, ce soir même, dans chaque quartier de Paris, s'ouvrent des centres de dépannage ! Qu'on accroche des pancartes, sous une lumière, dans la nuit, à la porte d'endroits où il y ait des couvertures, de la paille, de la soupe.
Et que, partout, ces Centres fraternels de dépannage accueillent ceux qui souffrent, quels qu'ils soient. Qu'ils puissent s'y abriter, dormir, manger, reprendre espoir. Qu'ils sachent qu'on les aime, qu'on ne les laissera pas mourir... ! »

« ... La météo annonce des semaines de froid terribles. Monsieur le ministre de l'Intérieur, je vous en supplie, faites cesser les expulsions, au moins pendant qu'il gèle ! Et vous, Monsieur le préfet de Paris, faites rouvrir les stations de métro ! Elles feront d'excellents abris d'urgence pour les nuits qui viennent.

« Et, vous tous qui m'écoutez, je vous en prie, aidez-nous à aider les sans-abri. Il nous faut, pour ce soir, 5 000 couvertures, 300 grandes tentes américaines et 200 poêles catalytiques ! Et tous les vêtements chauds que vous ne mettez plus ! Afin que, grâce à vous, aucun homme, aucun gosse, ne meure cette nuit dans la rue !... Vous pouvez apporter vos dons à l'hôtel Royal Haussman, 92, rue La Boétie. Et vous aurez ainsi, au plus fort de l'hiver, rendu son âme à la France ! D'avance, merci ! »

« ... Si nous laissons ce type jouer à l'apprenti sorcier, il va se retrouver à la tête d'une force populaire telle qu'on ne pourra plus rien contre lui... »

« Nous n'en sommes pas là. »

« Mais si ! Votre ville a la fièvre ! Vous ne le sentez pas ? C'est dans l'air, un soupçon d'électricité, une légère tension de l'atmosphère... comme avant l'orage. C'est ça, un climat insurrectionnel ! »

« ... J'ai donné l'adresse de son hôtel, mais je n'ai pas encore eu le temps de passer voir cette dame. Allons la prévenir, au cas où... »

Des milliers de Parisiens ont entendu l'appel et sont ressortis dans le matin glacé avec des valises ficelées à la hâte, des cartons de vêtements, des couvertures.

L'abbé, les larmes aux yeux, est emporté par cette marée de solidarité.

« On n'y arrivera jamais, Pèr

ıs ne vous rendez pas compte, il faut tout trier... »

« Et puis il y a de l'argent, des chèques, des mandats à comptabiliser, une armée de polytechniciens n'y suffirait pas... »

« J'ai jamais eu autant envie de prendre un bain ! »

« Il n'y a pas de hasards. Ce sont des rendez-vous auxquels on va, sans le savoir. »

« Je suis heureuse de ne pas avoir manqué celui-là. »

« Clochards ?... Il faut trois jours, Monsieur le préfet, pour fabriquer un clochard. A partir de la minute où il n'a plus de toit sur la tête. Essayez, si le cœur vous en dit. Allez dormir deux ou trois nuits sous les ponts, sans vous raser, ni changer de vêtements ! Vous serez surpris du résultat... »

« Vous savez très bien ce que je veux dire :
vous leur donnez une légitimité ! »

« Le fait d'être Homme n'en était pas une ? »

*« Vous allez toujours trop loin, mon Père.
Résultat : aujourd'hui, grâce à vous,
nous sommes assis sur de la dynamite ! »*

RECEVEURS

SECOURS
URGENTS

« Mes déclarations sont des appels au secours ! Certains savent les entendre... »

*« Emmaüs, c'est le nom d'un bled, en Palestine,
où les disciples ont rencontré le Christ. Eux, ils fuyaient.
Lui, il leur remonte le moral et les renvoie à Jérusalem
annoncer qu'il est ressuscité. Tu piges ? »*

« Rien du tout. »

« L'espoir, Blaireau, l'espoir... Tu te crois fini, rongé par les emmerdes... Et il suffit que tu retrouves un pote, un peu de chaleur, n'importe quoi, un espoir... Même petit, même casse-gueule... Mais t'as plus peur de rien ! »

« La politique, ce n'est rien d'autre que l'art de rendre possible ce qui est nécessaire ! C'est pourquoi je ne serai fier, ce soir, qu'à deux conditions : je demande à Monsieur le ministre de l'Intérieur de s'engager à ne plus expulser sans relogement préalable !...
Et je vous demande de voter la loi
sur les cités d'urgence ! »

« Ils ont voté ! »

« On est passés ! »

IL Y A AUJOURD'HUI
CINQ MILLIARDS D'HOMMES
SUR TERRE.

PARMI EUX, UN MILLIARD ET DEMI
SONT SANS ABRI

Abbé Pierre

DEMMAUS

Maquette : Thierry Müller
Page 95 : photo Sipa Press

Achevé d'imprimer par I.M.E. - 25-Baume-les-Dames
49-61-0659-01
ISBN : 2-863-91404-9
Dépôt légal : octobre 1990
N° éditeur : 413
Photogravure : Euresys-59